LITERATURA E PEDAGOGIA

ponto & contraponto

Regina Zilberman
Ezequiel Theodoro da Silva

ALB – Associação de Leitura do Brasil, 2008

1ª Edição, Mercado Aberto, 1990
2ª Edição, Global Editora, 2008
1ª Reimpressão, 2014

Diretor Editorial
JEFFERSON L. ALVES

Gerente de Produção
FLÁVIO SAMUEL

Coordenadora Editorial
RITA DE CÁSSIA SAM

Revisão
LUCAS CARRASCO
LUICY CAETANO

Projeto de Capa
EDUARDO OKUNO

Editoração Eletrônica
ANTONIO SILVIO LOPES

Dados Internacionais de Catalogação na Publicação (CIP)
(Câmara Brasileira do Livro, SP, Brasil)

Zilberman, Regina
    Literatura e pedagogia : ponto & contraponto / Regina Zilberman, Ezequiel Theodoro da Silva. – 2. ed. – São Paulo : Global ; Campinas, SP : ALB-Associação de Leitura do Brasil, 2008.

    Bibliografia.
    ISBN 978-85-260-1264-6 (Global)

    1. Literatura – Estudo e ensino – Brasil 2. Pedagogia I. Silva, Ezequiel Theodoro da. II. Título.

08-00258   CDD–869.907

Índice para catálogo sistemático:

1. Literaura brasileira : Estudo e ensino   869.907

Direitos Reservados

**GLOBAL EDITORA E
DISTRIBUIDORA LTDA.**

Rua Pirapitingui, 111 – Liberdade
CEP 01508-020 – São Paulo – SP
Tel.: (11) 3277-7999 – Fax: (11) 3277-8141
e-mail: global@globaleditora.com.br
www.globaleditora.com.br

Obra atualizada conforme o **Novo Acordo Ortográfico da Língua Portuguesa**

Colabore com a produção científica e cultural.
Proibida a reprodução total ou parcial desta obra
sem a autorização do editor.

Nº DE CATÁLOGO: **2977**

LITERATURA E PEDAGOGIA
ponto & contraponto

SUMÁRIO

História de uma epígrafe, *Regina Zilberman e Ezequiel Theodoro da Silva* 11

I – Teorias e Vivências 15
Sim, a Literatura Educa, *Regina Zilberman* 17
Literatura e Pedagogia: Reflexão com Relances de Depoimento, *Ezequiel Theodoro da Silva* 25

II – O Sistema 33
Mas Por Que Não Educa Mais?, *Regina Zilberman* 35
Literatura e Pedagogia: Interpretação Dirigida a um Questionamento, *Ezequiel Theodoro da Silva* 39

III – Projeto e Utopia 51
Respondendo em Forma de Proposta, *Regina Zilberman* .. 53
Descomplicando o Ensino de Literatura, *Ezequiel Theodoro da Silva* 57

IV – Outros Contrapontos 65

Biografias 73

DATILOGRAFIA

Álvaro de Campos

Traço sozinho, no meu cubículo de engenheiro, o plano,
Firmo o projeto, aqui isolado,
Remoto até de quem sou.

Ao lado, acompanhamento banalmente sinistro,
O tique-taque estalado das máquinas de escrever.
Que náusea da vida!
Que objeção esta regularidade!
Que sono este ser assim!

Outrora, quando fui outro, eram castelos e cavaleiros
(Ilustrações, talvez, de qualquer livro de infância),
Outrora, quando fui verdadeiro ao meu sonho,
Eram grandes paisagens do Norte, explícitas de neve,
Eram grandes palmares do Sul, opulentos de verdes.

Outrora.

Ao lado, acompanhamento banalmente sinistro,
o tique-taque estalado das máquinas de escrever.
Temos todos duas vidas:

A verdadeira, que é a que sonhamos na infância,
E que continuamos sonhando, adultos num substrato de névoa:
A falsa, que é a que vivemos em convivência com outros,
Que é a prática, a útil,
Aquela em que acabam por nos meter num caixão.

Na outra não há caixões, nem mortes,
Há só ilustrações de infância:
Grandes livros coloridos, para ver mas não ler:
Grandes páginas de cores para recordar mais tarde.
Na outra somos nós,
Na outra vivemos;
Nesta morremos, que é o que viver quer dizer;
Neste momento, pela náusea, vivo na outra...
Mas ao lado, acompanhamento banalmente sinistro,
Ergue a voz o tique-taque estalado das máquinas de escrever.

HISTÓRIA DE UMA EPÍGRAFE

No princípio mesmo, era uma amizade, que nasceu no início dos anos 1980, quando leitura deixava de ser um problema de alfabetizadores ou uma atividade de lazer, indigna de maiores considerações intelectuais, e tornava-se matéria de investigação de todo aquele que estivesse preocupado com os rumos da educação, da literatura e da cultura brasileira.

Mas no começo deste livro existia apenas uma citação, extraída de um estudo sobre questões relativas à circulação da literatura em sala de aula, especialmente no Ensino Fundamental. O Ezequiel leu o ensaio, gostou da ideia e quis transformá-la numa epígrafe e ponto de partida para uma troca de ideias sobre as relações entre a literatura e a pedagogia. Essa discussão seria deflagrada pelo seguinte fragmento:

> [...] A leitura dos livros infantis [como vem sendo realizada em sala de aula] não se associa ao objeto que provoca – a obra de ficção, com suas propriedades, tal como a de estabelecer, com o leitor, uma relação dinâmica entre a fantasia presente encontrada no texto e o universo de seu imaginário. Este percurso, que talvez consista no significado do ato de ler enquanto possibilidade de fazer interagir imaginação e raciocínio, fantasia e razão, emoção e inteligência, acaba por ser interrompido – ou, ao menos, insuficientemente vivenciado –, quando se sobrepõem a ele finalidades suplementares, tidas como superiores e não mais diretamente relacionadas à leitura.[1]

---
1 ZILBERMAN, Regina. *A leitura e o ensino da literatura*. São Paulo: Contexto, 1988. p. 114.

O excerto não parece especialmente polêmico; ele tão somente chama a atenção para certas propriedades do texto literário, tais como as de estar constituído e ser transmissor de fantasia e razão a um destinatário que, ao menos de modo virtual, necessita delas em sua existência diária. E alerta para o fato de, muitas vezes, o trabalho didático interromper a cadeia que coloca frente a frente as potencialidades do texto literário e as carências do leitor. A educação conspiraria, pois, para inviabilizar o ensino da literatura e atuaria em detrimento do leitor? Ou, pelo contrário, uma pedagogia bem-sucedida resultaria do aproveitamento máximo do fato de a ficção acionar e depender do imaginário de seu consumidor?

Este livro procura discutir essas questões fundamentado em leituras e na experiência pessoal de seus autores. Provindo das duas áreas aqui colocadas face a face, eles acreditam que, pelo intercâmbio amistoso de ideias, podem oferecer matéria para reflexão às pessoas relacionadas aos temas propostos: professores, estudantes, escritores, até críticos literários. E esperam chegar ao lugar em que pedagogia e literatura se encontram, para atar duas pontas que, desamarradas, têm consistido numa das causas dos desatinos (que são tantos, é certo) da educação nacional.

A elaboração do livro teve, porém, outras particularidades, além daquela de ser motivada por um excerto que deveria se apresentar como epígrafe e transformou-se em citação. Veio, depois, a correspondência, para combinar os trâmites que facultariam a troca (por escrito) de ideias.

"Um mês para cada capítulo e nada mais!" Dividimos o tempo e, audaciosamente, demo-nos prazos estritos para a redação dos manuscritos, tentando caminhar com rapidez em direção à montagem das partes da obra. O entusiasmo inicial não poderia ser prejudicado; e era necessário, ainda, evitar que os muitos compromissos, lá e cá interferindo no cotidiano de nossas vidas, interrompessem o fio do raciocínio, a linha de produção e o cerzido do diálogo.

"Um livro sem muita citação, recuperando e sintetizando os tantos percursos cognitivos dessa nossa vida." Sim, textos mais soltos, sem a preocupação de puxar esta ou aquela autoridade ou de fazer referências no meio das páginas. A conversa a distância, a mala do correio trazendo o interlocutor para perto, seria a estratégia de trabalho. Um tanto sem destino prefixado, desconhecido o porto aonde chegaríamos; por outro lado, a certeza de que, durante a viagem, possíveis névoas cederiam lugar a horizontes concretos.

E assim foi. Foram elaborados os estudos do primeiro capítulo e trocadas as peças para a análise, com a devida dose de ansiedade para verificar o resultado. Examinado o material, levantaram-se questões e destrocaram-se os textos (mais ansiedade para ver se ia continuar a bater). Respondidas as questões, o livro foi fechado (respiramos fundo ao dar com os capítulos prontos e amarrados; mas a ansiedade mudou de lugar, ao vê-los agora lançados na praça em forma de livro). De permeio, durante o vai e vem do correio, o telefone ajudou: algumas boas risadas por causa dos nossos estilos, mais risadas de alegria ao ver que as ideias iam se encaixando tal qual um jogo de dominó.

"Por que não estender a satisfação deste debate para outras pessoas? O cotejo de ideias é extremamente necessário no nosso país." Daí nasceu a primeira edição da obra, que inaugurou a série *Confrontos* (projeto que reuniu em parceria a ALB e a Editora Mercado Aberto, RS, nos idos de 1989); depois, esgotada a edição, o diálogo foi retomado e atualizado pela dupla de autores, incorporado na Coleção Leitura e Formação (ALB e Global Editora, SP), estimulando mais gente para o intercâmbio de pontos de vista e saídas de suas tocas. Houve um tempo em que as pessoas se reuniam mais frequentemente para conversar...

Regina Zilberman
Ezequiel Theodoro da Silva,
set. 2007

I

TEORIAS E VIVÊNCIAS

Sim, a Literatura Educa

Regina Zilberman

Quando nasceu, na antiga Grécia, a literatura não tinha esse nome. Chamava-se poesia e existia para divertir a nobreza, nos intervalos entre uma guerra e outra. Era declamada por profissionais da palavra, narradores de feitos bélicos do passado para uma aristocracia que, já nessa época, preferia a paz à luta armada. A *Ilíada* e a *Odisseia* devem ser aparecimento a essas circunstâncias, porém sua permanência no tempo não se explica da mesma maneira. Depois de terem tomado a forma que conhecemos hoje, os dois poemas épicos passaram a representar para os gregos o que a *Bíblia* significava para os hebreus: contava as origens da nação helênica, explicava a diferença entre os homens e os deuses, justificava o modelo político adotado, elencava, para a população, as normas de comportamento privilegiadas pela sociedade.

Que a poesia assumiu desde cedo propensão educativa, prova-o o fato de Psístrato, modernizador da sociedade ateniense durante o século VI a.C., ter organizado os concursos de declamação das epopeias; com isso, reconheceu que elas oferecem ao povo padrões de identificação, imprescindíveis para ele se perceber como uma comunidade, detentora tanto de um passado comum quanto de uma promessa de futuro, constituindo uma história que integrava os vários grupos étnicos, geográficos e linguísticos da Grécia. Divulgando-os por meio do canal de que dispunha – os torneios públicos –, reforçou a afinidade coletiva e incentivou o culto a indivíduos que representavam os exemplos a serem seguidos pelos jovens aspirantes a heróis. Ao mesmo tempo, permitiu a conservação dos poemas ao longo do tempo e sua circulação não apenas entre os atenienses, mas também entre os sucessores dessa nação.

O caráter educativo da literatura talvez não tenha se manifestado nesse ponto da história. Os mitos, berço da poesia, da religião, da ciência e da filosofia, a precederam no sentido de que antecipavam os paradigmas de ação a serem acatados pela comunidade primitiva, na condição de requisito para a sobrevivência do grupo. Entre os gregos, a poesia herdou a propriedade pedagógica dos mitos. Veiculada primeiro entre a aristocracia, sua ação se espraiava, em princípio, indistintamente entre todos os membros da sociedade. Para cumprir seu papel, dependia de uma instituição em especial, o Estado; ou melhor, esse apelava à poesia para fornecer à comunidade os padrões de que essa necessitava. O já citado Psístrato patrocinou as Panateneias, festivais de declamação das epopeias homéricas; o mesmo governante organizou as festas dedicadas a Dionisos, onde se originou a tragédia, gênero que, durante o século V, propagou a ideologia democrática formulada pela *polis* ateniense.

Passaram-se muitos séculos até a literatura adotar o nome que atualmente a identifica. Não só os gregos a conheceram como poesia, embora incluíssem aí a epopeia e o drama; romanos da Antiguidade e europeus renascentistas não recusaram a denominação primitiva, embora, com o passar do tempo e o surgimento de novos gêneros, tenha-se instalada certa confusão terminológica. Uma certeza, contudo, mantém-se com o tempo: a de que o texto poético favorece a formação do indivíduo, cabendo, pois, expô-lo à matéria-prima literária, requisito indispensável a seu aprimoramento intelectual e ético.

É o fato de a literatura ser vista como educativa até as cercanias do século XVIII que permite compreender a diferença com que ocorre depois. Na Antiguidade, em especial entre os gregos, a poesia, épica ou dramática, transmitia ao público padrões de relacionamento com o grupo. Do ponto de vista pessoal, fortalecia o ideal da *arete*, próprio ao herói que, da prática daquela virtude, evidenciava suas qualidades físicas e morais. Do social, reprimia o individualismo exacerbado, colocando o interesse coletivo acima do privado. Do político, sublinhava a confiança na democracia, sistema pelo qual os atenienses se julgavam responsáveis e que procuravam conservar. Esse último ângulo explica por que o Estado se considerava habilitado a sustentar as atividades artísticas, financiando as festividades durante as quais aquelas se desenvolviam.

Mais tarde, sobretudo na Renascença, a relação entre a poesia e o ouvinte perdeu o caráter comunitário e público, tendendo para o particular e íntimo. Essa alteração fez com que se enfraquecesse a influência do Estado sobre o tipo de recepção desejada, de modo que se reforçou um certo modelo de comunicação, segundo o qual não se interpõe uma instituição entre a obra e seu destinatário; quando se interpõe, ela se coloca em posição discreta. Essa situação se modifica profundamente depois que a educação passa a ser gerenciada por uma entidade, a escola, e transforma-se num trabalho, o ensino.

Nascida também na Antiguidade greco-romana, a escola moderna pouco se assemelha, mesmo nesse período, os séculos XVII e XVIII, à sua ancestral. Deixa de ser um lugar facultativo para a aprendizagem e torna-se obrigatório; seus *habitués*, docentes e discentes, frequentam um mesmo espaço, mas dispõem de *status* diferenciado, dessemelhante mesmo entre o alunado, hierarquizados em graus e níveis de natureza diversa. E acredita na possibilidade de se passar de um plano a outro, por meio de avaliações contínuas, que retratam o crescimento dos estudantes.

A literatura não passou a fazer parte do currículo escolar sob sua identidade original. Primeiramente integrou o *Trivium*, dissolvendo-se entre a Gramática, a Lógica e a Retórica; depois, quando a Renascença privilegiou o ensino da cultura clássica, serviu de modelo para a aprendizagem das línguas grega e latina. A pedagogia do século XVII opôs-se a essa prática e sublinhou a necessidade de os alunos estudarem o vernáculo; subiu de cotação o trabalho com poesia em tradução, mas a pretexto de facilitar o conhecimento das normas clássicas de criação artística, de compreensão cada vez mais difícil, dada a distância temporal e vivencial. Só após a Revolução de 1789, os franceses introduzem na escola a literatura nacional, que, a partir de então, torna-se objeto da história literária, disciplina que ensaia seus primeiros passos nesse momento e consolida-se algumas décadas depois em toda a Europa, para reinar incontestada por muitos anos.

A essas alturas, literatura era uma denominação consagrada e incluía toda a produção escrita consignada em livro. A poesia passou à condição de gênero diferenciado, de um lado dividindo seu espaço com outras manifestações verbais, como a eloquência, o drama, a epopeia, de outro mantendo sua primazia porque é qualificada como mais elevada entre as existentes. Também é sinal de superioridade o fato de a literatura ser uma das poucas modalidades de criação artística a ter entrada na escola; porém, o fato se deveu à circunstância de ela ser a única a se utilizar da língua. Essa tinha de ser considerada homogênea e nacional, para constituir matéria de ensino, numa época em que se organizava o Estado burguês. Nada mais conveniente do que consagrar a língua dos poetas como a nacional, desprezando os fatores regionais e populares, e usar a escola como seu veículo de difusão, apostando no prestígio da literatura para validar as opções feitas.

Integrada ao currículo escolar, a literatura não podia perder sua força educativa; mas a natureza dessa foi alterada. O tipo de comunicação com o público, antes direto, foi institucionalizado e deixou de ter finalidade intelectual e ética, para adquirir cunho linguístico. Por sua vez, se a perspectiva política não desapareceu, tomou outro rumo: a literatura, escrita no vernáculo julgado padrão pelas entidades culturais e educacionais, tornou-se porta-voz de uma nacionalidade preestabelecida, determinada pelo Estado, mas corporificada por ela. Por essa razão, na escola, a literatura passa a ser identificada pelo gentílico que invariavelmente a acompanha.

Desde então, o ensino da literatura oscila entre dois objetivos: ajuda a conhecer a norma linguística nacional, de que é simultaneamente a expressão mais credenciada; arranjada segundo um eixo cronológico, responde por uma história que coincide com a história do país de quem toma o nome e cuja existência acaba por comprovar. Não por acaso todas as histórias da literatura brasileira se esforçam por demonstrar que a produção literária nacional nasce com o início da colonização do território americano, assumindo componentes diferenciais desde as primeiras manifestações, e acompanha, *pari passu*, as várias fases da nossa história, de que passa atestado reconhecido por todos.

As duas metas acabam por se confundir, porque, juntas, corroboram a existência da nacionalidade brasileira, afiançando, de um lado, a autonomia linguística, de outro, a autossuficiência política. O caráter educativo toma configuração mais ampla, porque o ensino da literatura reforça algumas certezas, entre as quais se conta a de que o local onde se vive constitui uma unidade independente, com propriedades, tais como a língua e a cultura, que a definem e personalizam. Essas convicções não têm fundamento pedagógico, e sim ideológico, de modo que confirmá-las não deveria ser atribuição da escola, mas ela efetivamente serve a um propósito dessa natureza.

A estabilidade do ensino da literatura depende de se continuar aceitando os princípios que lhe deram nascimento. No entanto, fala-se já há algum tempo na crise do ensino da literatura, acusação genérica que, no Brasil, pode ser interpretada de várias maneiras. Numa acepção ampla, significa falta de leitura: recriminam-se os alunos por não gostarem de ler, preferirem outras formas de expressão ou satisfazerem-se com seu estágio de ignorância. De outra parte, denuncia-se a falta de eficiência do professor de literatura: os alunos não aprendem o conteúdo das disciplinas de que a literatura faz parte, pois, ao final do processo de escolarização, desconhecem a gramática, não escrevem corretamente, ignoram a tradição literária, são incapazes de entender as formulações mais simples de um texto escrito, mesmo o meramente informativo. O ensino da literatura seria um dos responsáveis por esse fracasso, o que sugere a falência do pressuposto discutido desde o início: a literatura deixou de ser educativa.

Com efeito, ela perdeu a eficácia pedagógica esperada pela burguesia. No Brasil, isso resultou do próprio projeto educacional elaborado para o conjunto da sociedade, nas duas últimas décadas, pelos grupos dirigentes. Esse projeto procurou usar a escola como formadora de mão de obra para a industrialização que se desejava acelerada. O empresariado contava com um contingente de trabalhadores tornados disponíveis pelo êxodo rural, mas só poderia empregá-lo se os migrantes assimilassem regras mínimas de educação.

A escola profissionalizante de ensino fundamental e médio se encarregou dessa preparação apressada, mas se deparou com um contraste gritante entre seus padrões tradicionais – mesmo com as intenções profissionalizantes, sempre menos exigentes – e o dos novos usuários. Incapaz de fazer o novo público introjetar os modelos burgueses dominantes, dada a distância entre eles e os dos consumidores de extração popular, ou de se adaptar ao da clientela, a escola abdicou de qualquer paradigma.

Esse processo, de um lado, democratizou a escola ao colocá-la à disposição de um novo público; de outro, rebaixou a qualidade de ensino, por permanecer indefinida entre parâmetros diferentes de aprendizagem e não oferecer boas condições de trabalho a alunos e professores, porque uns pertenciam e outros atendiam à classe popular. O resultado foi antes negativo que positivo, mas cabe sublinhar que, gerando uma crise, colocou a educação tradicional contra a parede. Essa revelou sua propensão elitista, de modo que a superação da crise não pode depender de um retorno ao sistema anterior, de que alguns se ressentem nostalgicamente.

A crise levou o ensino de literatura a se indagar sobre seu sentido e finalidade. De certo modo, a literatura precisa descobrir, considerando as novas circunstâncias, em que consiste sua natureza educativa. Não pode ser a que desempenhou na Antiguidade, porque a escola se interpôs entre a obra e o leitor, com consequências inegáveis. Mas não pode ser a consagrada pela sociedade burguesa, que lhe conferiu o papel de intermediária entre o indivíduo e a língua escrita e/ou a história nacional, por esses ideais não terem sentido para os grupos sociais de origem popular que hoje reivindicam o acesso à escola.

Eis por que um dos sistemas da crise do ensino da literatura é a falta de leitura por parte dos estudantes e o desconhecimento do patrimônio literário nacional. Mas essa carência determina outras – a não assimilação da norma linguística impede o entendimento dos textos; o desinteresse pela matéria escrita dificulta a continuidade do processo de leitura e, portanto, a aquisição do saber; a ausência de domínio da expressão oral impossibilita a reprodução do que foi lido, o desdobramento do processo de comunicação e a verbalização das próprias necessidades – que comprometem a atuação do aluno dentro e, principalmente, fora da escola.

Se se verificam carências fundamentais, mostra-se imperativa, por outro lado, a recuperação dessas bases. Compete hoje ao ensino da literatura não mais a transmissão de um patrimônio já constituído e consagrado, mas a responsabilidade pela formação do leitor. A execução dessa tarefa depende de se conceber a leitura não como o resultado satisfatório do processo de alfabetização e decodificação de matéria escrita, mas como atividade propiciadora de uma experiência única com o texto literário. A literatura se associa então à leitura, do que advém a validade dessa.

A experiência da leitura decorre das propriedades da literatura enquanto forma de expressão que, utilizando-se da linguagem verbal, incorpora a particularidade dessa de construir um mundo coerente e compreensível, logo, racional; esse universo, contudo, se alimenta da fantasia do autor, que elabora suas imagens interiores para se comunicar com o leitor. Assim, o texto concilia a racionalidade da linguagem, de que é testemunha sua estrutura gramatical, com a invenção nascida na intimidade de um indivíduo; e pode lidar com a ficção mais exacerbada, sem perder o contato com a realidade, pois precisa condicionar a imaginação à ordem sintática da língua. Por isso, a literatura não deixa de ser realista, documentando seu tempo de modo lúcido e crítico; mas mostra-se sempre original, não esgotando as possibilidades de criar, pois o imaginário empurra o artista à geração de formas e expressões inusitadas.

Dúbia, a literatura provoca no leitor um efeito duplo: aciona sua fantasia, colocando frente a frente dois imaginários e dois tipos de vivência interior; mas suscita um posicionamento intelectual, uma vez que o mundo representado no texto, mesmo afastado no tempo ou diferenciado enquanto invenção, produz uma modalidade de reconhecimento em que lê. Nesse sentido, o texto literário introduz um universo que, por mais distanciado do cotidiano, leva o leitor a refletir sobre sua rotina e a incorporar novas experiências.

A leitura do texto literário constitui uma atividade sintetizadora, na medida em que permite ao indivíduo penetrar o âmbito da alteridade, sem perder de vista sua subjetividade e história. O leitor não esquece suas próprias dimensões, mas expande as fronteiras do conhecido, que absorve através da imaginação mas decifra por meio do intelecto. Por isso, trata-se também de uma atividade bastante completa, raramente substituída por outra, mesmo as de ordem existencial. Essas têm seu sentido aumentado, quando contrapostas às vivências transmitidas pelo texto, de modo que o leitor tende a se enriquecer graças ao seu consumo.

Se esse é seu ângulo individual, o social decorre dos efeitos desencadeados. O leitor tende a socializar a experiência, cotejar as conclusões com as de outros leitores, discutir preferências. A leitura estimula o diálogo, por meio do qual se trocam experiências e confrontam-se gostos. Portanto, não se trata de uma atividade egocêntrica, se bem que, no começo, exercida solitariamente; depois, aproxima as pessoas e coloca-as em situação de igualdade, pois todos estão capacitados a ela.

Em certo sentido, a leitura revela outro ângulo educativo da literatura: o texto artístico talvez não ensine nada, nem se pretenda a isso; mas seu consumo induz a algumas práticas socializantes, que, estimuladas, mostram-se democráticas, porque igualitárias.

O exercício da leitura é o ponto de partida para o acercamento à literatura. A escola dificilmente o estimulou, a não ser quando condicionado a outras tarefas, a maior parte de ordem pragmática. Hoje, quando o ensino está em crise, apresenta-se como necessidade prioritária, pois faculta a reaproximação a um objeto tornado estranho no meio escolar. Porém, talvez se constitua também no ponto de chegada, na medida em que oferece alternativas diversas daquelas recorrentes na história da educação.

Essas alternativas talvez possam ser transpostas à própria escola que, atualmente, parece ter perdido a eficácia que um dia teve, substituída pela dos meios de comunicação de massa. Sua sobrevivência enquanto instituição, portanto, não depende mais de se adequar às necessidades das camadas dominantes, e sim de ela se posicionar na vanguarda dos fatos históricos. Poderá fazê-lo se se solidarizar a seus usuários, servir-lhes de veículo para manifestação pessoal e colaborar com sua autoafirmação. O exercício da leitura do texto literário em sala de aula pode preencher esses objetivos; e confere à literatura outro sentido educativo, talvez não o que responde a intenções de alguns grupos, mas o que auxilia o estudante a ter mais segurança relativamente a suas próprias experiências.

Literatura e Pedagogia: Reflexão com Relances de Depoimento

Ezequiel Theodoro da Silva

Esta a minha imagem da fruição de uma obra literária: na frente, como um carro-chefe, o desejo de reconstruir, de recriar, de um lado, o imaginário, dando força e suporte ao trabalho de reconstrução; de outro, concomitantemente, a consciência intuindo, abrindo a escuta e analisando, em benefício da visão crítica da vida, o real inusitado enformado pelo escritor. O amálgama da experimentação da linguagem literária: difícil de descrever, mas fácil de sentir quando concretamente vivido por um leitor.

Inventar (a expandir) as minhas possibilidades de vida; potencializar – de quando em vez, na duração e amarração mesma das leituras – o meu ser no mundo; enfrentar, encarar e encarnar outras tantas perplexidades; superar o ensimesmamento das rotinas sociais. Literatura: palavra em liberdade, de infinitos caminhos e direções, puxando o interlocutor para a prática da participação e do prazer. Das caminhadas curtas ou longas, da penetração nas surpresas impactantes da ficção, resulta sempre um olhar diferente, talvez mais inteligente, mais sensível, mais humilde... Ler literatura? Voar junto para outros lugares humanos, próximos do meu porque também meus, e hermeneuticamente retornar, agora muito mais conectado aos acontecimentos da vida.

* * *

Minhas "conversas" com Jorge Amado vêm de longa data... Cruzei pela primeira vez com ele numa coleção (*Os subterrâneos da liberdade*. São Paulo: Martins, 1964) comprada pelo meu irmão mais velho e indiferentemente deixada à disposição lá na biblioteca de casa.

Lembro-me de corpo-inteiro fisgado pelos "ásperos-tempos", pela "agonia da noite", pela "luz do túnel", vivendo, apaixonadamente, os subterrâneos da liberdade e sendo paulatinamente introduzido, por minha própria vontade, na arte da palavra. E, como a pá lavra, com Jorge Amado comecei a cultivar o gosto pela leitura de ficção.

Jamais me esqueci de um trecho de Camões, com que Jorge Amado abre a referida coleção: "Metida tenho a mão na consciência/ e não falo senão verdades puras/ que me ensinou a viva experiência".

* * *

As vivas experiências de fruição da obra literária: verdades extraídas e construídas, pelo trabalho de interpretação do sujeito-leitor situado na distração compromissada da leitura. Inserir-se, de forma contínua, no mundo da palavra reinventada pela imaginação dos escritores é uma *necessidade*. (À bênção quinze milhões de analfabetos brasileiros e outros tantos sem acesso, que não podem participar dos circuitos do imaginário impresso! Necessidade ainda encalacrada, infelizmente...)

Olhos vassourando o texto... Repertório/sensibilidade/história – só meus e construídos nos muitos rumos da vida de leitor – re-escrevem personagens, situações, conflitos. De repente, desequilíbrios: um trecho, um diálogo, um silêncio ou uma lacuna que faz refletir. "Antena danada essa desse escritor!" Olhos vassourando o texto... Aparências polissêmicas escondem essências inusitadas – quantas cascas tem essa cebola? O jogo lúdico do imaginário (o leitor lendo, o leitor sendo) gera a des-coberta, o desvelamento, quando não a própria revelação. "Ah, então era isso!" Olhos vassourando o texto... Era uma vez um escritor que escreveu para um leitor que virou escritor que escreveu para outro leitor que virou escritor que escreveu para outro leitor que virou... e foram felizes por muitos e muitos anos, percebendo mais profundamente as perplexidades da vida e, muito provavelmente, plasmando – juntos – outras maneiras de existir. Olhos vassourando o texto, indefinidamente e indefinitivamente...

* * *

No lusco-fusco da memória, lá atrás no tempo. Um tempo de introdução dentro de outro tempo. Brumas se esvaindo: uma, duas, três, *n* cortinas se abrem até que eu encontre o início do início de minhas primeiras fantasias. O porão do passado meditativamente vasculhado até que saltem, evidenciando-se neste agora, as personagens, as ações, as interações. Replantar no terreno da história, como uma dessas colhetadeiras mecanizadas, que ceifam e semeiam de uma só vez.

Foi assim.

Chapeuzinho Vermelho – a cena dos caçadores rasgando a barriga do lobo era a que mais me aterrorizava; A Galinha dos Ovos de Ouro – ainda escuto o estrondo do gigante se espatifando no chão; Os Três Porquinhos – a lição bem que serviu àqueles dois preguiçosos; O Negrinho do Pastoreio – sentia as dores das formigas me estraçalhando; O Menino da Porteira – onde vejo, hoje, uma cruz na estrada me lembro da história. Histórias, muitas e variadas, contadas oralmente por minha mãe quando eu-criança. Leituras inesquecíveis de ouvido, em resposta curiosa e atenta ao chamamento íntimo das narrativas orais e cantigas. (Ainda gosto de ler antes de dormir!)

Pato Donald – se tivesse busca de tesouro, aí eu me amarrava ainda mais; Gato Felix – lembro-me dele paraquedeando em sinais de interrogação e exclamação: Zorro – a eterna luta contra os milicos; Tom Mix – a beleza da indumentária e o cavalo ensinado (que certamente não recebia cachê); Mandrake – tudo é possível com a mágica; Fantasma – ainda vejo aquela caverna e aquele anel em forma de caveira; Tarzan – bandôlo matar (os macacos entendem?); Príncipe Valente – Marion Zimmer Bradley veio elucidar longo tempo depois, mas a base imaginária já existia em mim. Em mim, comigo, os quadrinhos da infância. Trocar gibis com a turma: circulação e intercâmbio. Comprar gibis na banca. E saber, pelo menos, onde fica a livraria, onde fica o sebo. O mapa da mina, a geografia das fontes, a sede de ler.

"As estrelas são sóis de outras galáxias, a milhões de anos-luz da Terra." "Vem cá que eu vou te mostrar como esse motor funciona." "No futuro o homem vai chegar à Lua e aos outros planetas do sistema solar, você vai ver!" Frases do meu pai (um leitor inveterado), cutucando a minha curiosidade de adolescente e empurrando-me para a leitura de Júlio Verne. Ah, quanta coisa fantasiei com a ficção científica! Vinte mil léguas de imaginação. Submarino imergindo e emergindo nas águas substanciais da literatura.

* * *

> Fique são. Fique são. Fique são.
> Romãs se abrindo e muito mostrando.
> Fique são. Fique são. Fique são.
> Nó velado, enovelado, novel enovelado.
> Fique são. Fique são. Fique são.
> Conto, criando, encurtando ou prolongando.
> Frequente ação. Fricção. Ficção.

Há que se ler literatura para romper o silêncio, desentrevando, azeitando e retroalimentando os sentimentos e a inteligência do mundo. A fruição de um bom romance é como a produção de uma esculta em mármore: trans--forma, fica.

Fincar a facticidade. Plantar a plausibilidade. Andar-andança na verossimilhança. As reações emocionais talvez inicialmente indefinidas e difusas, vão ganhando corpo na proporção mesma do virar as páginas. O leitor: a outra extremidade do cordão, sem a qual não se fabrica – e nem se desata – o nó da novela. "Mas, peraí, isso poderia ter acontecido com qualquer um, inclusive comigo!"

Quem conta um conto aumenta um ponto, mas não só isso: é também aumentado um ponto pelo conto. Placenta de mensagens, o texto literário, lapidado, põe à prova, dispõe multivocidades, obriga à solidariedade do caminhar junto.

* * *

Remexo mais a minha memória. Novamente o passado no presente, na busca dos sustentáculos do gosto pela literatura. Chocalho agora os neurônios no sentido de atingir a região das lembranças da escola. Esquadrinho palmo a palmo essa região. O que salta fora para ser expresso?

Deserto semiárido, considerando o tempo (os tantos dias, as tantas horas) passado nos bancos escolares. Os professores e as lições de português – mas que diabo, não consigo, apesar de muito esforço em rememorar neste agora, lembrar quase nada de significativo!

Apesar, tão somente e minimamente, dois trabalhos escolares colocaram-me mais frente a frente com a arte literária. Um, quando do falecimento de Cecília Meirelles: precisou a poesia morrer e ser comentada nos jornais da época para que a professora (o nome também me foge) resolvesse tratar do assunto. Outro quando, parte de um grupo de teatro, preparamos uma série de quadros com poemas de Carlos Drummond de Andrade. E agora, escola? E agora, professores de língua e literatura?

Análise sintática (será que ainda sei fazer análise?), colocação de Camões na ordem direta (fiquei só no significante dos poemas!), redações à vista de gravura (até hoje o figurativismo ronda a minha cabeça), redações com títulos redundantes e esotéricos ("Minhas férias", "O grão de areia", "O buraco da agulha"), intermináveis conjugações de verbos (os irregulares dependiam de mais suor do eu-papagaio), memorização das mais variadas regras gramaticais (de + o = do; a + a = à), métrica (dodecassílabos e alexandrinos: não importava muito o significado dos poemas). Esses os escombros da imagem que agora construo de minhas aulas de língua portuguesa e literatura. Será que houve mudança dessa imagem, transcorridos esses anos todos?

Ah! As aulas de história sim! O prof. Carmelo colocava-me na biblioteca da escola para fazer pesquisa. Quantos escritos produzi sob a sua orientação. E esse professor gostava muito de música e de pintura – pelas obras dos grandes compositores e pintores eu enxergava melhor o movimento da história.

Ah! As aulas de sociologia sim! O prof. Teófilo lançava mão da literatura brasileira a fim de elucidar e exemplificar princípios sociológicos, embaralhados integradamente com noções de política, filosofia e antropologia.

Euclides da Cunha, Gilberto Freyre, Lima Barreto, Guimarães Rosa, Erico Verissimo, José Lins do Rego, Graciliano Ramos. Tudo isso fluía gostosamente, servindo à compreensão crítica do homem brasileiro e da minha realidade. Mergulhos inesquecíveis no conhecimento. Prosperidade no repertório do leitor.

Apesar dos pesares e do peso morto das lacunas que poderiam ter sido melhor preenchidas, a escola me fez diferença...

* * *

Com as fantasias produzidas na interação leitor-literatura surgem, como que grudados, elementos de conhecimento. Assim, o percurso do leitor, em si mesmo e por si só, é pedagógico. Assim, a ficção ensina. O importante, portanto, é o encontro. Há sempre um livro à nossa espera... e, se esse livro não der conta da expectativa, outros tantos ainda existem, ainda à espera... Desejo (diálogo/construção), des-gelo (emoção/percepção), des-coberta (aventura no mundo).

Vida e palavra: matérias-primas do trabalho estético do escritor e do leitor, regadas, sempre, pela imaginação. E a imaginação é a mãe da utopia. E o rebento da utopia é a revolução. E o rebento da revolução, bisneto da imaginação, é a liberdade!

* * *

Sempre é bom conversar com os amigos para saber das histórias (elas são como que inevitáveis). Passa o tempo – acumulam-se acontecimentos e "causos", passíveis de assuntar. Somos história na soma das histórias tecidas na cotidianeidade. Nos limites do mundo da oralidade e/ou na proximidade possibilitada pela escrita acontecemos e, consequentemente, passamos a existir.

Nestes últimos tempos, voltei a conversar com Jorge Amado. Uma longa conversa folhetinesca de 616 páginas, onde ele (escritor) e eu (leitor) arquitetamos a vida de *Tieta do Agreste*. Devo, por necessidade deste texto-reflexão, contar um pouco dessa conversa-experiência. O concreto, mesmo que traduzido, pode falar mais alto.

Disse-me, sibilantemente, o Jorge:

Silêncio e solidão, o rio penetra mar adentro no oceano sem limites sob o céu despejado, o fim e o começo. Dunas imensas, límpidas montanhas de areia, a menina correndo igual a uma cabrita para o alto, no rosto a claridade do sol e o zunido do vento, os pés leves e descalços pondo distância entre ela e o homem forte, na pujança dos quarenta anos, a persegui-la.

O cenário, as personagens, a ação, tecidos, já, na minha imaginação de leitor-construtor. Enrosco-me, empaticamente, nos elementos trançados da narrativa; movimento-me, inevitavelmente, para outro espaço e, através da transcendência, vejo-me melhor no meu próprio espaço; sou, necessariamente, testemunha e parte da história porque ouvir ou ler ficção é participar, produzindo fatos do nosso jeito.

E o Jorge, na intimidade da nossa leitura metafórica, rejunta cantigas, lendas, receitas e continua a interlocução com o fio sem fim da linguagem: "A vai Catarina/Com sua bacia/O patrão atrás/De fala macia/A água é fria/Quente a bacia/De Catarina". Arqueologia e arquitetura de linguagens, até isso aprendemos na leitura dos romances. Impossível a indiferença!

Por várias vezes, no meio do próprio processo de contar, Jorge preocupa-se consigo (escritor) e comigo (leitor), assim me alertando:

Cansado do esforço feito para manter incólume minha propalada e prudente posição de narrador objetivo, evitando envolver-me na polêmica ao resumir e transcrever opiniões divergentes, expostas em crônicas, editoriais, tópicos e entrevistas, permito-me curta reflexão sobre nomes de família e maneiras de agir de técnicos fora de série, famosíssimos, cujas conclusões ditam leis. Faço-o no desejo de evitar ao leitor engano e confusão.

Escritura-leitura, processos indicotomizáveis no jogo do contextualizar, des-contextualizar e re-contextualizar, no prazeroso trabalho de fiar, desfiar e refiar imaginariamente.

De quebra, de vez em quando, Jorge, talvez querendo dar mais sabor ao seu relato, joga um trecho satírico para mexer com os meus brios de inveterado bebedor de uísque:

> Disse e mamou, com satisfação de *expert*, um trago de uísque, degustando-o. Por detrás do balcão, agitando a coqueteleira, o *barman* sorri, pensa no valor das aparências. Para os simplesmente vaidosos, a retorcida garrafa de cristal, em tons verdes, sinal de alta consideração. Para os suficientes e orgulhosos, a simples garrafa original do Reino Unido, fechada, selada, lacrada, sinal de respeito ainda maior. Numa e noutra, para uns e outros, idêntico uísque falsificado da reserva do hotel, diferença apenas de preço. Também, que gosto e refinamento pode ter um bebedor de uísque? Nenhum, na opinião do *barman*.

A linguagem literária, apropriadora e transformadora das situações sociais, fala ao sentimento e reclama reflexão.

Desestabilizar ou reforçar uma visão do mundo, talvez exatamente isso o que Jorge pretendeu neste entrecho da nossa conversa:

> A pregação ideológica do engenheiro, expondo problemas graves e profundos, imperialismo, colonialismo interno, poluição, ameaça mortal à fauna marítima, apodrecimento das águas a fazer da pesca atividade condenada a desaparecer; denunciando a existência de capitais estrangeiros majoritários na indústria de dióxido de titânio, em realidade entrave, e não estímulo ao desenvolvimento do país, canalizando para o estrangeiro lucros imensos, empobrecendo o povo – nada disso, diga-se com tristeza mas a bem da verdade, causou maior impressão sobre a reduzida massa à qual ele se dirigia, patético, veemente e honrado.

A busca e o alargamento da compreensão dos fenômenos da vida, indo mais a fundo e posicionando-se criticamente como leitor – esta, sem dúvida, uma das finalidades básicas de toda incursão em livros de literatura. Uma incursão que é, em si mesma, eminentemente pedagógica porque instigadora de reflexões e, por isso mesmo, geradora de aprendizagens.

II

O SISTEMA

Mas Por Que Não Educa Mais?

Regina Zilberman

Pode-se afirmar, sem constrangimento, que não existe leitura sem que a imaginação seja convocada a trabalhar junto com o intelecto, responsável pelas operações de decodificação e entendimento de um texto? Se esse for ficcional, a resposta, imediata e formulada com convicção, é positiva. O resultado é a fruição da obra, sentimento de prazer motivado não apenas pelo arranjo convincente do mundo fictício proposto pelo escritor, mas também pelo estímulo dado ao imaginário do leitor, que assim navega em outras águas, diversas das rotineiras a que ele está habituado.

Definida como criação, a obra literária não é produzida sem que outra imaginação seja ativada primeiro: a do escritor. Por isso, coincide com invenção, associa-se à fantasia, parece irreal. De um lado, simula lidar com coisas e pessoas conhecidas; de outro, porém, deixa claro que aquelas nunca tiveram existência concreta, tangível ou mensurável. Reais são apenas as palavras que as enunciam; estas, no entanto, também são impalpáveis. Onde situar então a materialidade da literatura, localizada, supõe-se, em algum lugar, já que nos atinge tanto?

A resposta a essa questão talvez seja tão imprecisa quanto o objeto a que ela se refere: tudo começa na fantasia, cuja existência pode ser confirmada de modo empírico, já que diariamente experimentamos seus efeitos, mas cujo cerne não tem substância nem forma.

O que é a fantasia? Eis um tema esquecido pelas coleções de iniciação aos conceitos básicos do cotidiano. Talvez por não pertencer ao ideário da esquerda, que a acusa de propiciar o escapismo, compensar a alienação motivada pela divisão do trabalho ou desviar a classe operária de sua finalidade revolucionária; ou por estar acossada pelo pragmatismo burguês, que não tolera uma atividade que não resulte em produção e não tenha aplicação imediata e lucrativa.

Um lado, mais doutrinário, a exilou, expulsando-a de seu universo conceitual e denegrindo seus efeitos; o outro, mais prático, não a evitou, mas, ao adotá-la, comprometeu sua finalidade. Essa foi encampada pela indústria cultural, que lhe conferiu sentido escapista, encarregando-a, por uma parte, de proporcionar a fuga, ainda que ilusória e momentânea, da vida cotidiana, rotineira e insípida, e, por outra, de facilitar a acomodação a uma situação que, assim, se torna suportável. A esquerda aceitou as regras impostas à fantasia pelo capitalismo, confirmando-as por via; ambas as posições uniram-se nessa condenação a um fenômeno inerente à vida humana.

Nem todos, contudo, compartilham o preconceito; a começar por Sigmund Freud, talvez o principal responsável pelo resgate da fantasia e pelo esclarecimento de sua articulação às atividades artísticas de criação. Freud indica que a fantasia é motivada por desejos insatisfeitos; ela acolhe-os e elabora-os, buscando satisfazê-los por intermédio de processos como o sonho, a imaginação, o devaneio.

O escritor, por exemplo, canaliza esses desejos para sua obra criativa: essa, em certo sentido, permite-lhe externar lembranças insatisfatórias do passado, aliadas a experiências presentes, e, de algum modo, resolvê-las ou superá-las. Sob esse aspecto, a criação artística assemelha-se a um sonho do adulto ou ao brinquedo da criança, pois durante sua ocorrência evidenciam-se os problemas que afetam o sujeito e as possibilidades de solução para eles. Não por acaso, acredita Freud, algumas línguas usam a mesma palavra para designar o ato de brincar (*play*, em inglês; *spiel*, em alemão) e o de produzir peças literárias ou teatrais.

Alojada no coração dos problemas de um indivíduo, a fantasia não pode ser escapista; nem as imagens que ela libera desligam-se do cotidiano ou da existência dos homens com os quais o artista convive. Seu relacionamento com o mundo encontra acolhida no imaginário, mas esse não é meramente receptivo: trabalha essas sugestões exteriores, associa-se às recordações do passado, articula-as aos insumos resultantes das informações armazenadas pelo sujeito.

O mais importante é que a fantasia dá forma compreensível àqueles fenômenos, que transparece por meio de ações e figuras, relações entre elas, saídas para os problemas levantados. E porque a forma empregada é compreensível, pode ser adotada por outros indivíduos, que, assim, têm condições de entender suas próprias dificuldades, refletir sobre elas, buscar um caminho para seus dramas pessoais ou sociais.

A fantasia transfere essa forma para a literatura, e o leitor procura ali os elementos que expressam seu mundo interior. Pode ser que ele não opere como o escritor, que produz um texto literário ao elaborar de modo criativo seus processos internos; mas ele passa por situação similar, na medida em que o mundo criado agita seu imaginário e faz com que, de alguma maneira, esse se manifeste e transforme-se em linguagem. Eis por que leituras insignificativas confundem-se com nosso cotidiano, tornam-se lembranças perenes, explicam nossa própria vida.

Sendo assim, para ser valorizada, a fantasia não precisa recorrer a um pouco provável ângulo utilitário ou aplicado. Ela não é prática, embora tenha sido aproveitada pela indústria cultural como maneira de aplacar a insatisfação interior resultante da divisão do trabalho e da mecanização da existência na sociedade burguesa.

É, contudo, a condição primordial de relacionamento entre os homens, porque faculta a expressão de seus dramas e das soluções possíveis. A criação artística, nesse sentido, assume papel preponderante, porque, operando a partir das sugestões fornecidas pela fantasia, socializa formas que permitem a compreensão dos problemas; portanto, configura-se também como ponto de partida para o conhecimento do real e a adoção de uma atitude liberadora.

Regressiva na formação, pois remonta a lembranças de problemas, a fantasia é prospectiva na formulação; e a literatura, sua herdeira, recebe como legado sua tônica utópica, acenando para as possibilidades de transformação do mundo e encaminhamento de uma vida melhor para todos que dependem dela para conhecer o ambiente que os rodeia.

A educação compartilha com a fantasia e a literatura a perspectiva utópica a que essas apontam. Etimologicamente, educar é extrair, levar avante, conduzir para fora e para a frente. Funda-se, pois, num ideal, o de que é possível mudar a atitude individual e a configuração da sociedade por meio da ação humana. Porque ideal, esse objetivo é seguidamente criticado e até rejeitado. A dificuldade maior, porém, não reside aí, e sim no fato de não vir se concretizando e de estar ameaçado de desaparecimento por obsoleto.

A dificuldade reside também na circunstância de que, de ideal, esse objetivo converteu-se num sistema: educação deixou de consistir em um processo, presente em várias das atividades sociais e culturais, para se apresentar como instituição, com estrutura, organograma, agentes, calendário e orçamento. Originalmente tão fluida como a fantasia, hoje evidencia sua consistência e onipresença; mas não pode negar sua incapacidade de preencher o ideal de que dependeu sua criação e legitima sua continuidade. Por que não funciona? Deve funcionar? Nesse caso, como deveria funcionar?

Essas questões não são perfunctórias; da resposta a elas depende a recuperação da utopia que, um dia, validou a implantação e organização do ensino. A resposta a elas possibilita também articular a utopia da educação àquela que está na base da fantasia e da literatura e move a vida humana, por mais atribulada que esteja a sociedade.

Literatura e Pedagogia: Interpretação Dirigida a um Questionamento

Ezequiel Theodoro da Silva

Nos tempos homéricos...

Do alto do Olimpo, feito Zeus ajudado por Atená, observo os mitos, em música e poesia, entrando na realidade, penetrando exemplarmente na consciência da comunidade, aproximando os homens. Hermes me movimenta nos meandros do tempo. Tento desacorrentar Prometeu. Volto e vejo e vivo.

Desço do Olimpo e, feito Hércules, sustento a sessão do espetáculo poético no mundo próximo da oralidade. A viva voz do declamador revela e desvela as virtudes do herói. Sou Ulisses, existindo em atenta escuta. Sou plateia da palavra-odisseia, multiplicando-me pelos ouvidos. Capto o coletivo no amor e na ira de Aquiles – dói meu próprio calcanhar. Sonho e sei e sinto.

Feito Sísifo, subo de novo ao Olimpo, carregando a pedra filosofal: o épico tem sempre um quê de estético; a epopeia reclama a prosopopeia; a poesia provoca sabedoria e, nas terras helênicas, põe a própria democracia. Édipo era, antes de tudo, um curioso (Freud que o diga...) Narciso também não resistiu à própria curiosidade.

(O que é a alteridade senão um pêndulo vertical de subir e descer?)

Combatendo Tânatos, da acrópole olho mais limpidamente o Olimpo: fonte primeira da imaginação dos poetas. Mito: titã resistindo ao tempo e educando a todos por paradigmas. Os conteúdos poéticos, porque passíveis de descoberta, com ou sem chave da interpretação, são sempre pedagógicos.

> VOAR NA HISTÓRIA COMO AQUELE OSSO EM CÂMERA LENTA DA CENA INICIAL DO FILME *2001 – UMA ODISSEIA NO ESPAÇO*. E DETECTAR, NO PERCURSO, AQUELAS PROPOSTAS QUE NÃO ESTÃO FORA DO SEU TEMPO...

> O mito é o nada que é tudo.
> O mesmo sol que abre os céus
> É um mito brilhante e mudo –
> O corpo morto de Deus
> Vivo e desnudo.
>
> Este que aqui aportou
> Foi por não ser existindo.
> Sem existir nos bastou.
> Por não ter vivido foi vindo
> E nos criou.
>
> Assim a lenda se escorre
> A entrar na realidade.
> E a fecundá-la decorre.
> Em baixo, a vida, metade
> De nada, morre.
>
> (Fernando Pessoa, *Ulisses*)

Sra. Page – Preciso levar meu filho pra escola. Olha, está chegando justamente o professor dele. Parece ser o seu dia de folga.
(Entra *sir* Hugo Evans.)
Sra. Page – Bom dia, *sir* Hugo. Não tem aula hoje?
Evans – Não, o sr. Slender conseguiu permissão para que as crianças pudessem brincar.

Sra. Quickly – Que Deus o abençoe!

Sra. Page – Sir Hugo, meu marido diz que meu filho não aprende nada daquilo que lê no livro. Por favor, faça-lhe alguma perguntinha de gramática.

Evans – William, aproxima-te. Levanta a cabeça. Muito bem!

Sra. Page – Vamos, meu filho. Levanta a cabeça e responde ao mestre, sem medo.

Evans – William, quantos números tem o nome?

William – Dois.

Sra. Quickly – Mas, olha!, pensava que fossem três. Não se diz *trinus est perfectus*?

Evans – Cale-se! Não foi interrogada. Como se diz "belo"?

William – "Pulcro."

Sra. Quickly – Pulgas? Que horror! Deus me livre!

Evans – É muito simplória, minha senhora. Cale-se! William, o que é "lápis"?

William – Uma pedra.

Evans – E como se diz pedra?

William – Seixo.

Evans – Não, é "lápis"! Não esqueças, não! Grave-o na memória.

William – "Lápis."

Evans – Muito bem. Tem memória de ferro. E os artigos, de onde têm origem?

William – Os artigos são tirados dos pronomes e são declináveis: "Singulariter nominativo: hic, heec, hoc".

Evans – "Nominativo: hig, hag, hog." Presta atenção! Genitivo: "huius". Acusativo...

William – Acusativo, "hinc"...

Evans – William, procura lembrar; acusativo "hung, hang, hog".

William – "Hunc, hanc, hoc."

Evans – Agora um exemplo das declinações dos pronomes.

William – Esses, sim, que esqueci.

(William Shakespeare, *As alegres comadres de Windsor*)

Nos tempos da Renascença...

É chegada a hora de falar da situação do homem... Chega de dogma, de tirania, de repressão. Pelo fim da escolástica e das superstições... Imaginamos serem findas as noites medievais. D. Quixote saberá ridicularizar os ideais da nobreza feudal... Não ser ou ser literatura refratária, eis a questão. É preciso colocar questōs aos homens... E satirizar os costumes já ultrapassados, um novo público em formação... Uma nova moral em formação... Uma psicologia mundana em formação. É tempo de romance carnal... É tempo de sátira política... É tempo de Sancho Pança... É tempo de um novo teatro, estabelecendo choques entre o ser e o existir... Entre a velha estrutura e a nova estrutura... Entre o mundo da tirania e o mundo da liberdade... Entre o indivíduo e a sociedade...

(Diálogo imaginário entre Boccato, Rabelais, Cervantes e Shakespeare.)

* * *

Durante o Renascimento, dos Trezentos aos Seiscentos, o conjunto mais significativo de obras literárias certamente ficou fora das escolas. As literaturas nacionais já sinalizam o nascimento do mundo moderno, mas as escolas, em vez de seguirem a mesma trilha, apenas inculcam o pedantismo gramatical, a verbosidade e a eloquência. A literatura, em termos de produção, avança; a educação regride ou fica patinando na escuridão medieval...

> Homem ou mulher? Quem soube?
> Tinha o chapéu desabado.
> A capa embrulhava-o todo:
> Era o Embuçado.
>
> Fidalgo? Escravo? Quem era?
> De quem trazia o recado?
> Foi no quintal? Foi no muro?
> Mas de que lado?
>
> Passou por aquela ponte?
> Entrou naquele sobrado?
> Vinha de perto ou de longe?
> Era o Embuçado.

Trazia chaves pendentes?
Bateu com o punho apressado?
Viu a dona com o menino?
Ficou calado?

A casa não era aquela?
Notou que estava enganado?
Ficou chorando o menino?
Era o Embuçado.

"Fugi, fugi que vem tropa
que sereis preso e enforcado."
Isso foi tudo o que disse
o mascarado?

Subiu por aquele morro?
Entrou por aquele valado?
Desapareceu na fonte?
Era o Embuçado.

Homem ou mulher? Quem soube?
Veio por si? Foi mandado?
A que horas foi? De que noite?
Visto ou sonhado?

Era a Morte, que corria?
Era o Amor, com seu cuidado?
Era o Amigo? Era o Inimigo?
Era o Embuçado.

(Cecília Meirelles, *Do Embuçado*)

Em tempos burgueses

Nas (h)eras burguesas, a literatura transforma-se em peça de uma engrenagem maior: o Estado burguês. De palavra em liberdade, nos polos da produção e da recepção, a literatura cumpre a função de, pela escola, homogeneizar linguisticamente as populações e representar as fases históricas de sociedades específicas. Os Embuçados foram para todos os lados; para completar, de punhos cerrados...

Nas (quim)eras burguesas, a literatura transforma-se em mercadoria para a satisfação da demanda de quem pode pagar. Produção, edição, distribuição, comercialização e consumo – os canais costurados do livro na civilização industrial. Os Embuçados entraram por todos os valados; como sempre, mercantilizados...

Nas (esf)eras burguesas, a literatura transforma-se em símbolo de *status* e erudição. O ócio dos descompromissados. O sarau dos privilegiados. O beletrismo dos aquinhoados. A norma culta padrão dos selecionados. Os Embuçados estavam enganados?

Nas (crat)eras burguesas, a literatura pega fogo. Os circuitos da produção artística poderiam ficar livres da ordem social? Seria possível ao romance e à poesia julgar a civilização, o Estado, a educação? O mundo poderia existir sem dialética, nos moldes do projeto burguês? Os Embuçados virariam mascarados, com os devidos cuidados...

Nas (esf)eras burguesas, a ciência de que a literatura, apesar do determinismo pretendido, é apossada e lida por gente diferente, de forma diferente. Engrenagem fora de controle: o conflito: os grupos populares forçam os Embuçados a darem as caras...

> Pede-se a quem souber
> do paradeiro de Luisa Porto
> avise sua residência
> À Rua Santos Óleos, 48.
> Previna urgente
> solitária mãe enferma
> entrevada há longos anos
> erma de seus cuidados.

> Pede-se a quem avistar
> Luisa Porto, de 37 anos,
> que apareça, que escreva, que mande dizer
> onde está.
> Suplica-se ao repórter amador
> ao caixeiro, ao mata-mosquitos, ao transeunte,
> a qualquer do povo e da classe média,
>
> até mesmo aos senhores ricos,
> que tenham pena de mãe aflita
> e lhe restituam a filha volatizada
> ou pelo menos deem informações.
> É alta, magra,
> morena, rosto penugento, dentes alvos,
> sinal de nascença junto ao olho esquerdo
> levemente estrábica.
> Vestidinho simples. Óculos.
> Sumida há três meses.
>
> Mãe entrevada chamando.
> Roga-se ao povo caritativo desta cidade
> que tome em consideração um caso de família
> digno de simpatia especial.
> Luisa é de bom gênio, correta,
> meiga, trabalhadora, religiosa.
> Foi fazer compras na feira da praça.
> Não voltou.
>
> (Carlos Drummond de Andrade, *Desaparecimento de Luisa Porto*)

A hora e a vez do ensino da literatura no Brasil (últimas décadas)...

O quadro é caótico, como é caótica toda a realidade nacional. Tudo, menos a fruição concreta e consequente da literatura nas escolas. Assim, o tempo é de indagação e de buscas.

O modelo burguês dominante desmoronou-se, como desmoronaram-se o paternalismo e a tutela. Nada: nem história da literatura, nem a introjeção de valores burgueses. Assim, o momento não é de perplexidade, mas de consciência crítica.

A escola está no fundo do poço, como está mais ao fundo do poço a dignidade dos professores. Tudo, menos a reprodução da realidade que está aí. Assim, a hora é de conquista de condições.

Os protocolos de leitura estão estremecidos, como estão estremecidos os cânones autoritários de interpretação. Nada – é isso que resulta de respostas fechadas aos textos literários. Assim, retornar nostalgicamente ao passado é, em termos pedagógicos, regredir.

A literatura pode ser tudo (ou pelo menos muito) ou pode ser nada, dependendo da forma como for colocada e trabalhada em sala de aula. Tudo, se conseguir unir sensibilidade e conhecimento. Nada, se todas as suas promessas forem frustradas por pedagogias desencontradas.

Temporalizando um regresso para a peregrinação

> *O difícil é ter e inculcar uma confiança*
> *quando em volta só se pensam imagens de*
> *temor e sofrimento...*
> (João Guimarães Rosa, "O mau humor de
> Wotan", em *Ave palavra*)

> *Passa-se a noite, vem o*
> *sol ardente e bruto*
> *Morre a flor e nasce o fruto*
> *No lugar de cada flor.*
> (Luiz Carlos Paraná, *Flor do cafezal*)

No ancoradouro da concordância

As pedagogias pendendo para o lado do liberalismo burguês praticamente assassinaram o ensino da literatura nas escolas brasileiras...

Na pedagogia tradicional, as obras literárias tidas como "representativas" pelo Estado são tomadas como exemplos a serem imitados, transformando-se em cânones linguísticos, em símbolos artísticos petrificados, em dogmas patrioteiros. A leitura, aqui, é concebida como imitação dos clássicos para efeito de memorização e verniz.

Na pedagogia moderna, à John Dewey e entrando no Brasil via escolanovismo (1930), os conteúdos das obras literárias submetem-se à chamada "pesquisa escolar", dentro de parâmetros funcionalistas. Ler, para o aluno, é delinear um problema, estabelecer hipóteses e partir para a verificação destas no corpo das obras. Reino do método positivista hipotético-dedutivo: a cientificização do texto literário, assinalando a morte da sensibilidade.

Na pedagogia tecnicista, implantada no Brasil por meio do acordo MEC-USAID (1966), a literatura, semelhantemente às outras matérias do currículo escolar, vira "pacote" para consumo rápido. Ao aluno cabe somente ler o suficiente para se encaixar no mercado de trabalho. Reino do enredo resumido (e mastigado) para efeito de sucesso nos testes de múltipla escolha.

No ancoradouro da dúvida e da desconfiança

"Compete ao ensino da literatura não mais a transmissão de um patrimônio já constituído e consagrado, mas a responsabilidade pela formação do leitor."

Questões: (1) As pedagogias de tradição liberal-burguesa também "formam", mas não conscientizam... Dessa forma, considerando que nenhuma pedagogia é neutra e considerando que a escola é um local onde a literatura pode (e deve) ser dinamizada, como – se é possível – fazer da experiência literária não só um instrumento de formação, mas principalmente de conscientização?

(2) Considerando o ensino um processo diretivo, considerando que a interação de leitura exige – por natureza – leitor-texto(s) e considerando a ineficácia do patrimônio literário (consagrado) na educação dos leitores, então a que tipo de literatura

devemos expor os estudantes? Vale tudo? Qual é o papel do professor nesse ensino?

"O leitor tende a socializar a experiência de leitura do texto literário, cotejar as conclusões com as de outros leitores, discutir preferências. A leitura estimula o diálogo, por meio do qual se trocam experiências e confrontam-se gostos."

Questões: (1) No meu ponto de vista, uma afirmação arrojada e, em certo sentido, com uma certa dose de romantismo... Será que as condições de produção da leitura, encontradas nas escolas brasileiras, permitem ou mesmo facilitam a socialização de experiências, o diálogo, o cotejo e o confronto de gostos?

(2) Que tipo de pedagogia você tem em mente ao propor um ensino de literatura nesses moldes?

III

PROJETO E UTOPIA

Respondendo em Forma de Proposta

Regina Zilberman

Os anos dourados do ensino da literatura coincidiram com os períodos em que ela se mostrou útil aos objetivos do projeto educacional burguês. Talvez essa afirmação tenha efeito retroativo e sentido mais geral: quando convém aos grupos dirigentes, leciona-se bem e de modo eficiente a literatura. Por seu turno, a recíproca alarma: hoje, esse tipo de ensino é dispensável, razão por que se degradou.

Aceita essa premissa, outra pergunta se impõe, de natureza mais pragmática: o que se deve fazer? Ressuscitar a situação anterior, quando a literatura dispunha de condições, diríamos, invejáveis, se comparadas às atuais? Ou buscar alternativas de ação que, de um lado, possibilitem uma alteração do modo como a literatura circula na escola, de outro, respondam a necessidades e problemas dos que leem obras literárias, os indivíduos para os quais elas foram escritas?

A formulação anterior, de certo modo, induz a resposta. Independentemente da escolha feita, todavia, é visível o teor utópico de ambas as hipóteses, pois a decisão por qualquer uma delas subordina-se a mudanças que não pertencem ao universo dos grupos dirigentes no Brasil. Esses descartaram a literatura de seus planos de ensino, substituindo-a por outros meios de comunicação, que não apenas podem ser mais rapidamente apreendidos pelos usuários, como têm capacidade para veicular informações de cunho tanto cognitivo, conforme procede a escola, quanto comportamental, induzindo ao consumo, meta principal da sociedade capitalista.

Reduz-se, pois, o ensino da literatura a seu grau zero, o que permite falar, outra vez, em formação. Com uma ressalva importante, entretanto: formar não é moldar, dar consistência ao que não existe, ignorando a história anterior dos sujeitos participantes do processo pedagógico ou das instituições a que se integram. Os métodos atuais de alfabetização sublinham, aparentemente com razão, que o alfabetizando já traz uma "leitura de mundo" quando começa a frequentar a escola, afirmação que se aplica sem constrangimento a outras áreas do conhecimento.

Nessa medida, todo estudante é um leitor, antes de ser iniciado ao ensino da literatura; "formá-lo", portanto, significa antes de tudo: dar condições para ele descobrir que sua convivência com o texto e a escrita antecede sua relação com uma instituição reconhecida e legitimada pela sociedade a que chamamos literatura; está presente em boa parte dos momentos de sua vida; e, talvez por ser destituída de mistério e sacralidade, trata-se de uma atividade boa e agradável.

Por causa de seu contato prévio com textos literários, o estudante descobre-se leitor, faceta que não lhe parece nova, porque anterior às aulas de literatura, mas que pode lhe dar prazer, porque capaz de ajudá-lo a vivenciar e entender características de sua personalidade ou inserção na sociedade e na história. Provavelmente cooperará para ele se dar conta do mundo a seu redor, conscientizando-o para os problemas existentes. Mas essa expectativa não precisa necessariamente presidir a circulação da literatura na sala de aula, uma vez que converte o texto em instrumento e considera válida apenas uma modalidade de resposta ou atitude por parte do destinatário.

Raramente a escola se preocupa com a formação do leitor. Seu objetivo principal consiste principalmente na assimilação, pelo aluno, da tradição literária, patrimônio que ele recebe pronto e cuja qualidade e importância precisa aceitar e repetir. Supõe-se que, atingida essa meta, o estudante transforme-se num apreciador da literatura e saiba escolher com segurança os melhores livros. Mas não se admite que ele traga consigo um universo de leituras, portanto, que já venha "formado". O professor lida com esse horizonte, podendo ampliá-lo, modificá-lo ou, se se der mal, até encolhê-lo; sem esquecer, contudo, que em qualquer das circunstâncias lhe compete fazer o aluno reconhecer sua existência, entender seus limites e manifestar suas predicações. Nesse momento, o aluno se identifica enquanto leitor, compreende sua própria formação e posiciona-se perante o caminho que adotou ou a que foi induzido.

Nada disso é possível, se o ensino da literatura não se implantar sobre o diálogo. O professor não pode conhecer seus alunos se não promover a interação da experiência de leitura já adquirida entre os leitores com que trabalha. O resultado é também um processo de conscientização, com cada sujeito, inclusive o professor, desvelando perante o outro sua formação. Esse processo, porém, depende de uma troca contínua de ideias e informações, sem a qual se encastelam em seu mundo interior, impedindo-se de socializar e compartir vivências passadas e presentes.

Essa atitude motiva uma série de decisões, uma delas dizendo respeito à escolha dos textos. Em tese, não existem obras preferenciais ou melhores, pois, em nosso cotidiano, estamos expostos a todo tipo de produto: os artísticos, canonizados pela tradição; os não literários, julgados meramente informativos; os pertencentes à literatura trivial, considerados descartáveis. Só que esses textos já se apresentam marcados, seja pela popularidade com que são recebidos, a aprovação institucional de que são objeto, o comportamento adotado perante eles. O professor pode ocupar-se com suas várias modalidades em sala de aula, sem, todavia, perder de vista que essas diferenças constituem distinções sociais, estão consolidadas e influenciam a compreensão, muitas vezes o gosto, seguidamente a postura do leitor diante delas.

Um ensino da literatura que se fundamente numa prática dialógica é tão utópico ou romântico quanto qualquer projeto que, hoje, se refira à educação no Brasil. O sucateamento da escola reduziu-a ao grau zero de que se falou antes, logo, não diz respeito exclusivamente ao problema da leitura e da literatura. As propostas que se apresentam são simultaneamente caras e baratas, realizáveis a curto e longo prazo, viáveis e complexas. Barato e rápido é trabalhar com o aluno, seja ele criança ou adulto, a partir de sua própria experiência de leitura, operando com um universo previamente dominado para abrir novos horizontes de conhecimento; caro e demorado é preparar o professor para levar a cabo essa tarefa, pois também ele foi afetado pela progressiva demolição da escola nacional.

Por outro lado, a concretização de uma utopia para a educação no país se faz necessária, com suas nuances temporais e a consciência de seus limites. Sua metas são reconhecíveis: reportam-se à emancipação dos indivíduos que participam do sistema de ensino, sejam professores ou alunos, porque o processo da aprendizagem é permanente e afeta ambos. E, sendo essa pedagogia de índole emancipatória, não pode dissociar-se do processo de liberação das falas dos sujeitos visados por ela. Para chegar à realização desse objetivo, a literatura desempenha papel fundamental. Talvez até tenha condições de desencadeá-lo, fazendo-o sem desmentir sua personalidade, nem alterar sua função.

Descomplicando o Ensino de Literatura

Ezequiel Theodoro da Silva

O problema não está com a literatura nem com a educação; o problema está com o *ensino da literatura* ou, mais especificamente, com as pedagogias que, conforme são acionadas pelos professores, tentam (mas não conseguem) sustentar a formação de leitores no contexto das escolas.

A imbricação *literatura-educação*, aprofundada ao longo deste livro, permite-me afirmar que, em termos sociais amplos, o sujeito *necessariamente* se educa ao fruir ou experienciar textos literários diversos. Entretanto, o mesmo não pode ser dito da relação *literária-pedagogia*, pois nem todo ensino – principalmente o de cunho formal, escolarizado – facilita a fruição, pelo aluno-leitor, de aspectos educativos que podem emanar ou resultar da leitura de textos literários.

Ao didatizar as produções literárias e sua leitura, de acordo com determinados princípios pedagógicos (aliás, também políticos), a escola dificulta, impossibilita ou até mesmo destrói o potencial educativo inerente à leitura da literatura.

Sem os diferentes constrangimentos didáticos que são acionados pelo professor para "obrigar o aluno a ler", as interações com as obras literárias poderiam fluir mais natural, concreta e significativamente. Tais constrangimentos decorrem do "psicologismo" que orienta as ações docentes na área da leitura, ou seja, o professor acredita que o aluno tem de ser "motivado" a ler e, para isso, é necessário lançar mão de truques, artifícios, manobras, incentivos e/ou controles a fim de operacionalizar a leitura escolar. Daí a busca desenfreada por métodos e técnicas que *motivem* o aluno a ler. Daí o completo apagamento das questões relacionadas com as finalidades sócio-político-educacionais da leitura no âmbito dos diferentes graus escolares.

* * *

Alucinações desvairadas

Daí vem aquele xarope de novela, apagadamarela, de que a escrita já era: enterro do livro, fim da poesia, não há-mais-quem-aguente-a-linearidade. Bom é ser analfabeto e não ter muito em que pensar. *Farenheit 451*: os policiais tocando fogo nos últimos exemplares... *O Admirável mundo novo*: a incineração de documento, a memória aniquilada...

Daí vem aquele olhar cínico plantando a inutilidade e a vagarosidade da leitura do verbal-escrito. Televicônica/televissônica/televizônica: valsa da consciência nos confins da redundância. Portanto, instantâneo, já, agora, aquimediato: tudo se resolve com e no presentismo. O prazer sem compreensão: dói o braço ter que virar as páginas de um livro... O universo sem pé nem cabeça: dói o bestunto ter de pôr a inteligencimaginação para funcionar... Chucha e Xuxa com as suas xucrices de alegria, de felicidade e estamos conversados! Fetichismo = subserviência total!

Daí vem aquela saudade, insossinsalubre, daquele leitor que fomos naqueles velhos tempos não muito bem situados. E, apesar dos pesares, dos pesos da opressão e dos contra-mãos, os modelos ainda hoje permanecem – Borges, cego, lendo pelo ouvido que recebe do olho de outrem... Rubem Fonseca devorando um livro por dia (haja avidez)... Paulo Freire lendo o mundo antes e depois da palavra... e tanta coisa se renovando pelo ato de ler.

Daí oferecer ao leitor, fantasticamente, esse difícil edifício, pois (h)a fantasia, como mundo, não tem contornos e não tem limites.

* * *

O dilema da educação literária, que deveria e poderia ser promovida na escola, está exatamente na impossibilidade de eliminação do mediador que faz a ponte entre os estudantes e os livros: o professor. Quantos escritores gostariam de ver boa parcela do professorado no fundo do inferno... Quantos escritores gostariam de ver a maioria dos autores de livros didáticos no quintal do purgatório... Quantos escritores gostariam de ver as suas obras fora e longe dos muros escolares...

O cerne do dilema: a diretividade inevitável de todo e qualquer processo pedagógico. E a necessidade da presença e atuação do professor para dirigir esse processo. Para onde? É exatamente aí que a nau da literatura, nos oceanos escolares, fica desviada da sua verdadeira destinação. Em termos de procedimento e de efeito de leitura da literatura, é impossível substituir o prazer dionisíaco pela ordem apolínea: fantasia pré-configurada num objetivo escolar e cobrada numa avaliação deixa de ser fantasia...

Para os estudantes, um dia o sol deixará de nascer quadrado: dois mais dois são cinco!

* * *

Sonho delirado

Ele sabia que as crianças, como todo homem, são seres de vontade, com a consciência voltada aos fenômenos do mundo, da vida. Não teria que motivar, mas apenas imaginar formas de causar a aproximação entre as crianças e as obras literárias. Dispor e expor, deixando que as obras, ao sabor das diferentes leituras das crianças, desabrochassem conhecimento e beleza. Ele sabia que a ficção, pela sua natureza, instigaria diferenciadamente a sensibilidade dos leitores. Ele sabia que o livro de ficção, ao ser vivido imaginariamente no ato de ler, recuperaria "por nós, em nós, aquilo que de belo temos e não sabemos, ou somente intuímos, e aquilo que perdemos".[1] Ele sabia que a fruição da literatura, em contínua convivência, se colocava como uma possibilidade

---

1 FELINTO, Marilene. "O autor de 'O belo Antonio' desaponta até os machistas." Suplemento Letras, *Folha de S.Paulo*, 5 ago. 1989, p. G7.

muito concreta de ver, de sentir a realidade de outra maneira – inusitada, talvez ou certamente –, dependendo do clima instaurado nas rodas de leitura. Ele sabia que a sua experiência como leitor – complexa mistura incompleta de paixões, ódios, êxtases, revelações, paradoxos, eteceteras fervilhando no sempre-mais – é a trilha mais curta e/ou a costela mais perfeita para fazer um outro leitor à imagem. Expor, dispor e deixar que a fruição corra livremente – ele realmente sabia, menos pelas inculcações do seu período de formação, mais pela sua experiência prática de leitor/educador. Ele sabia, como educador/leitor, da necessária humildade diante dos significados construídos a partir da leitura de textos ficcionais. Ele sabia. Quantos sabiam? Neste momento, no alto de um morro qualquer, mais um leitor-promessa é crucificado!!! Quando vão saber?

* * *

A ambição do leitor pode ser medíocre e a ambição de dois leitores não há de ser idêntica. O professor só pode ministrar os seus ensinamentos àqueles que mais querem aprender, mas ele pode sempre despertar os seus alunos com um "aperitivo", ele pode ao menos fornecer-lhes uma lista das coisas que vale a pena aprender em literatura ou num determinado capítulo dela. O primeiro pântano da inércia pode ser devido à mera ignorância da extensão do assunto ou ao simples propósito de não se afastar de uma área de semi-ignorância. A maior barreira é erguida, provavelmente, por professores que sabem um pouco mais que o público, que querem explorar a sua fração de conhecimento e que são totalmente avessos a fazer o mínimo esforço para aprender alguma coisa mais.[2]

* * *

---

2 POUND, Ezra. *ABC da literatura*. Trad. de Augusto de Campos e José Paulo Paes. São Paulo: Cultrix, 1970. p. 38-39.

Das partes para o todo: da didática à pedagogia, da pedagogia à educação, da educação ao projeto histórico do professor.

Do todo para as partes: do posicionamento político-filosófico do professor à concepção de sociedade e de escola. Da escola aos paradigmas para a condução do ensino às formas de trabalho didático em sala de aula.

Roda pião. Roda pião. Zigue-zague. Vai e vem.

Sai da roda, peão – liberte-se da rotinização roda-viva pelo rodar do pião, vendo mais a fundo que a didática é apenas a ponta do iceberg. Isto é: as metodologias vinculam-se a ideários pedagógicos, que, por sua vez, circulam-se a concepções de educação e de escola, que, por sua vez, vinculam-se a projetos históricos específicos. Roda pião. Roda pião. No bambear da consciência e da ação, alguém lá de cima tomará a decisão e tome reprodução. Roda pião... Roda peão...

Considerando que não existe ensino neutro e/ou não diretivo, para onde então deve o professor dirigir o ensino da literatura na escola?

Para o beletrismo burguês? Não!

Para a eloquência e a retórica? Não!

Para o ócio descompromissado? Não!

Para a perenização de modelos? Não!

Para a fuga do cotidiano? Não!

Para passar no vestibular? Não!

Para a reprodução das estruturas que aí estão?

Não!

Sim: dizer não! Desobediência. Coragem. Conflito. E devanear. E divagar. E despojar-se dos preconceitos, chamando a si a imaginação criadora, inventando novos encaminhamentos para a educação literária das crianças...

* * *

Devaneio desejado/desejável

"Creio que o professor ideal seria o que examinasse qualquer obra-prima que estivesse apresentando a seus alunos *quase* como nunca a tivesse visto antes."[3] Com essa ideia de Ezra Pound aprendera a aprender com as leituras – as muitas leituras – dos seus alunos. Não tanto a linha dos enredos, a produção só de histórias, mas a carga simbólica em potencial da ficção fruída ao longo dos semestres letivos. Agora já se conscientizara de que uma nova sociedade – horizonte primeiro do seu projeto político como professor – exigia outros esquemas didático-pedagógicos para a efetivação do encontro dos alunos com a literatura. Interagir horizontalmente, dialogicamente com a classe, pondo a sua escuta para funcionar e, assim, aprofundar, relacionar, refinar, problematizar etc. as diferentes visões decorrentes da leitura do texto ficcional, as muitas-multiplicadas mensagens inventadas pelo grupo de alunos. Quanta besteira já havia feito, em tempos passados, a mando de um sistema social injusto e caducopressor (compressor) – lembrava-se agora da parafernália didática (modismos aos montes), dos skinnerianismos (moldes maquiavélicos), dos autoritarismos (memorização de modelos) e de como ele fora, inocentemente, uma marionete nas mãos do mandonismo. A escola empobrecera, ele empobrecera, mas agora, superada a inocência (roda pião), interessava-lhe a reflexão – não a resposta pré-fabricada –, o dizer-escutar – não o falar unidirecional –, a relação do lido/inventado/fantasiado com as experiências cotidianamente vividas no social. A recuperação máxima das falas dos leitores – falas que falassem das fantasias produzidas – e o seu aprofundamento por meio do diálogo, da partilha, da comunhão; ali se colocava o fecundo fundamento de uma nova didática para o ensino da literatura. Havia sim, nisso tudo, uma direção embasada numa intenção política: a de balançar ou provocar incessantemente a imaginação dos leitores com o intuito de prolongar a linha infinita da invenção humana. E que fosse inventada uma nova sociedade. O que ainda não é amanhã poderá ser, pois que o desejo, tendo como pulmão a fantasia, movimenta todas as mudanças de si, do outro e da

---

3 Idem, ibidem, p. 81.

sociedade como um todo. Ele aprendera a ser ele mesmo, reconquistando a humildade e a simplicidade das ações pedagógicas; no caso da literatura em sala de aula, dirigir sim, mas dirigir para as descobertas libertadoras, para as divergências libertárias. Aprendera a aprender com as leituras – as muitas múltiplas leituras – dos seus alunos. E então entrou na sala de aula e sentou-se na roda e começou a escutar e imaginar a partir do relato vivo dos seus alunos-leitores.

IV

OUTROS CONTRAPONTOS

Do início deste nosso diálogo em 1989 até hoje, muitas águas – águas boas, diga-se – rolaram nos rios que fazem correr ideias sobre literatura e pedagogia. Por isso, resolvemos recuperar algumas fontes e paisagens que merecem ser visitadas por aqueles que se interessam pelas interseções, confluências e simbioses desses dois universos.

Cabe enfatizar que as dez fontes aqui recomendadas atendem tão e unicamente aos critérios pessoais da dupla de autores deste livro. Considerando o fracasso da escola brasileira na sua responsabilidade de formar leitores, existem centenas de obras que tratam da mesma temática. Por isso, quisemos oferecer algumas obras que, no espaço deste livro, pudessem fornecer vigas mais sólidas para um entendimento crítico da produção literária e da sua promoção e circulação através das escolas.

Outro fato a destacar é que, em decorrência do repetido desprezo ao trabalho dos professores, a leitura da literatura na escola, ainda que proclamada como necessária e importante, vai diminuindo cada vez mais por falta de pedagogias consequentes, que fazem jus à natureza dos textos literários. Tal diminuição parece resultar não apenas de uma corrosão das humanidades e das artes no âmbito do currículo escolar, mas também dos rumos tomados pela sociedade brasileira – rumos nos quais os valores éticos e estéticos não mais encontram lugar, não mais têm voz e vez.

Cultura escrita, literatura e história. Conversas de Roger Chartier com Carlos Rodrigues Anaya, Jesús Anaya Rosique, Daniel Goldin e Antonio Saborit, de Roger Chartier (Porto Alegre: Artmed, 2001).

Diálogo de Roger Chartier com quatro pensadores mexicanos a respeito dos contornos indefinidos da cultura escrita no mundo de hoje. O livro é estruturado de acordo com as "jornadas" de entrevistas e conversações com o autor, interessando-nos mais de perto a terceira jornada, que se volta às práticas de leitura da literatura. Dentre as múltiplas reflexões de Chartier sobre esse tema, há que se destacar aquela voltada às dificuldades da apropriação do texto literário no mundo contemporâneo por causa do aumento contínuo dos novos suportes de texto, que não o livro e a página impressa.

Cultura letrada: literatura e leitura, de Márcia Abreu (São Paulo: Unesp, 2006).

A questão central é a compreensão da natureza da literatura, enquanto produção com a palavra e instituição cultural. A autora discute a questão do valor literário, colocando-o num prisma histórico e fazendo-o dialogar com outras formas de comunicação eruditas e populares. A exposição apresenta-se de modo claro e divertido, e a leitura da obra pode ser apreciada tanto por um público especializado como por estudiosos da criação literária.

Formas da teoria. Sentidos, conceitos, políticas e campos de força nos estudos literários, de José Luís Jobim (Rio de Janeiro: Caetés, 2002).

Da globalização ao Indianismo, dos novos suportes da comunicação aos começos da cultura nacional, o autor reflete sobre a literatura, sua circulação e seus efeitos. A Teoria da Literatura é examinada do ponto de vista de sua inserção na vida social do país, de que advêm reflexões relevantes sobre leitura e educação.

Leitura, literatura e escola: sobre a formação do gosto, de Maria do Rosário Mortatti (São Paulo: Martins Fontes, 2001).

A autora compartilha a angústia de presenciar a falta de hábito e gosto pela leitura por parte dos jovens e crianças. Procura abordar interdisciplinarmente a sua análise sobre leitura e literatura e explicar esse fenômeno do desgosto pela leitura em sua complexidade de relações políticas, sociais e, acima de tudo, históricas. Aborda a literatura como algo vivo, dinâmico e em constante transformação. Critica a visão reducionista da literatura como aquela que é servidora da ideologia dominante e portanto considerada apenas produto. Essa visão é fortalecida por uma instituição chamada escola a partir do momento em que encara o fenômeno literário condicionado ao funcionamento social da língua, com acientificidade e mistério e, portanto, utiliza a literatura e a leitura adaptadas por um efeito retórico às necessidades educacionais, ou seja, para o trabalho de pensar sobre um texto apenas como um conjunto de códigos. De permeio, arredondando suas teses, a autora discute questões ligadas ao fracasso da escola na formação do gosto pela literatura, leitura crítica e prazer da leitura.

Literatura: leitores e leitura, de Marisa Lajolo (São Paulo: Moderna, 2001).

O livro formula a pergunta para a qual todos procuram uma resposta única: o que é a literatura? Em vez de respondê-la de modo uniforme e unívoco, a autora examina as várias acepções do termo ao longo da história literária, preferindo apostar nas preferências diversificadas do leitor. Oferece ao estudioso da literatura um mapa simultaneamente variado e dinâmico dos modos como se deram as leituras ao longo do tempo, sem deixar igualmente de interessar o público não especializado, graças à maneira bem-humorada e acessível como é escrito.

O ato da leitura: uma teoria do efeito estético, de Wolfgang Iser (Rio de Janeiro: 34, 1996-1999).

Nos primeiros anos da década de 1970, os estudos sobre a leitura despertaram a Teoria da Literatura, até então anestesiada pelo Estruturalismo, que ignorava inteiramente a perspectiva do leitor. Wolfgang Iser foi um dos pensadores mais importantes para essa virada, pois suas investigações voltam-se para temas relacionados à atitude do leitor perante o texto, pois a ele compete a vitalidade da literatura, ao transformar um objeto artístico inerte em produto esteticamente eficiente, tese exposta nesse livro.

O último leitor, de Ricardo Piglia (São Paulo: Companhia das Letras, 2006).

A partir da fotografia do escritor Jorge Luis Borges, procurando ler uma página impressa, apesar das dificuldades que a perda da visão lhe impunha, Ricardo Piglia examina o significado da leitura e suas representações em obras e autores diversificados, como Franz Kafka, Leon Tolstói e Ernesto Guevara, entre outros. O autor desliza com engenhosidade entre a ficção e a realidade, biografia e invenção, textos documentais e produções artísticas, cartografando o modo como a leitura se inscreve na literatura, sem o que não acontece a criação com a palavra.

Os livros e os dias: um ano de leituras prazerosas, de Alberto Manguel (São Paulo: Companhia das Letras, 2005).

Manguel apresenta as práticas de leitura da literatura como possibilidades de prospecção do mundo e de refinamento da sensibilidade dos leitores. O autor vivamente e rigorosamente disserta sobre vários escritores de alto renome, estabelecendo relações entre as suas obras e dessas com a vida social. Uma prazerosa mistura de diários pessoais de leitura com a crítica literária, causando, em quem lê, um melhor entendimento do conturbado e complexo mundo de hoje. Interessante observar, ainda, como a análise de Manguel tece uma rede de temas e ideias por entre a leitura de diferentes obras.

Sobre a literatura, de Umberto Eco (Rio de Janeiro: Record, 2003).

A partir de "Sobre algumas funções da literatura", primeiro capítulo dessa obra, Eco vai, nos textos subsequentes, exemplificando a ostensiva presença do romance na existência do homem ao longo da história. As teses do autor são preciosas, entre as quais a de que a literatura "não serve para nada", pois que se apresenta como um bem imaterial, que não pode ser avaliado da mesma forma que os demais produtos das sociedades de consumo. Tópico central da obra é a questão dos limites impostos à interpretação das obras literárias – limites esses que produzem angústia e que, de certa forma, apontam para a própria fatalidade do destino dos homens.

Texturas sobre leituras e escritos, de Ana Maria Machado (São Paulo: Nova Fronteira, 2001).

Ana Maria Machado nos conduz, por meio de suas reminiscências de vida, de textos e de texturas, às epopeias, à mitologia grega, ao medievalismo, ao revolucionismo industrial, ao texto bíblico, ao literário e ao não literário. Usando a própria metáfora têxtil, o livro parece ser uma colcha de retalhos, e muitos dos textos apresentados foram "tecidos" para participação em seminários, congressos, palestras, enfim, encontros diversos e podem ser lidos separadamente. Atenção especial aos porquês a autora escreve – ela nos informa que a literatura fascina, encanta e intriga e que encontrou as palavras – ou foi encontrada por elas – e mostra-se apaixonada pelas possibilidades infinitas que a escrita literária lhe abriu e a intensa liberdade vivida por meio dela.

BIOGRAFIAS

REGINA ZILBERMAN licenciou-se em Letras pela Universidade Federal do Rio Grande do Sul e doutorou-se em Romanística pela Universidade de Heidelberg, na Alemanha. Com pós-doutorado na Brown University, nos Estados Unidos, recebeu, da Universidade Federal de Santa Maria, o título de Doutor Honoris Causa. É professora colaboradora na Universidade Federal do Rio Grande do Sul e professora pesquisadora na Faculdade Porto-Alegrense de Educação, Ciências e Letras. Foi professora titular na Pontifícia Universidade Católica do Rio Grande do Sul; entre os anos de 1987 e 1991 e 2005 e 2006, dirigiu o Instituto Estadual do Livro, órgão do governo do Estado do Rio Grande do Sul. Entre suas publicações recentes, contam-se *Fim do livro, fim da leitura?* e *Como e por que ler a literatura infantil brasileira*.

EZEQUIEL THEODORO DA SILVA atua como professor colaborador-voluntário na Faculdade de Educação da Unicamp. Entre as funções mais importantes por ele exercidas, colocam-se as de secretário municipal de Cultura, Esporte e Turismo de Campinas, secretário municipal de Educação de Campinas, diretor-executivo da Editora da Unicamp, coordenador da Biblioteca "Joel Martins" e presidente da Associação de Leitura do Brasil (ALB) por várias gestões. Produziu mais de 30 livros e centenas de artigos que tematizam, fundamentalmente, as práticas de leitura no território brasileiro. Atualmente faz parte do Grupo de Pesquisa Alfabetização, Leitura e Escrita (ALLE), da Faculdade de Educação da Unicamp. Também produziu os sites da ALB <http://www.alb.com.br/> e do Pescarte <http://www.pescarte.com.br/>, fazendo sua manutenção e atualização na internet.